AF242798

L'ÉMEUTE & L'EMPIRE

L'ÉMEUTE & L'EMPIRE

PAR

UN CURÉ DE CAMPAGNE

F.-H.

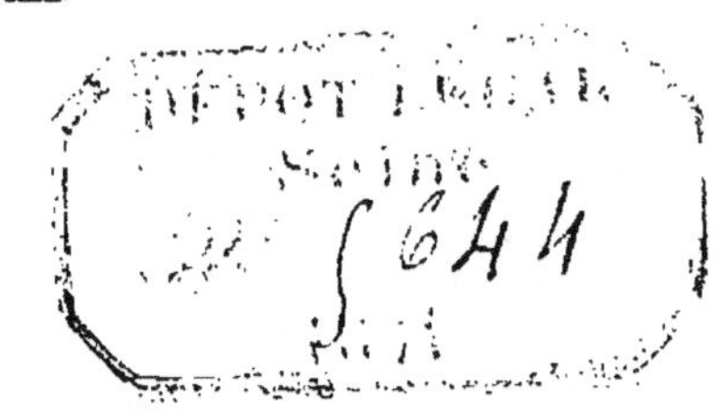

PARIS

FÉCHOZ, LIBRAIRE-ÉDITEUR

5, RUE DES SAINTS-PÈRES, 5.

1874

CHAPITRE PRÉLIMINAIRE

Il y aurait un ouvrage fort important à faire sur le sujet que j'expose ici (et cet ouvrage paraîtra sous peu) ; mais j'ai pensé qu'une brochure de quelques pages, expression sincère et brève de la vérité, pouvait rendre un service plus réel à la société menacée, parce que cette brochure serait lue par un plus grand nombre.

Il en coûte à un pauvre curé de campagne d'entrer dans la lice politique ; mais une secrète et vigoureuse impulsion l'entraîne, et sa conscience de citoyen français l'oblige à parler. La société est trop en péril pour qu'il n'ait pas le droit d'élever ici la voix ; le danger est trop imminent pour qu'il ne puisse venir conjurer les hommes sérieux de comprendre enfin les manifestations dangereuses qui font suite à l'émeute de la gare Saint-Lazare et qui nous causent de si douloureuses impressions.

Il est un fait patent, c'est que l'Émeute est partout et qu'elle peut ouvrir à toute heure la porte à l'Empire ou à la Commune. Est-il un homme d'honneur qui ne soit prêt à lutter de toutes ses forces contre la criminelle tentative qui prépare une nouvelle édition de 1815 et de 1870, du 18 brumaire et du 2 décembre ? Est-il un homme d'honneur qui ne cherche à préserver son pays du retour de la Commune ? Or, nous touchons à une heure suprême, et le despotisme brutal de César ou l'anarchie sanglante de la Commune semblent un dilemme forcé.

Notre respect est acquis au vaillant maréchal de Mac-Mahon, et nous avons la plus entière confiance dans sa parole et dans sa loyauté ; mais il s'abuserait singulièrement s'il prétendait commander à la force des choses et aux événements naturels. En réalité, son nom et sa gloire sont toute sa force. Nous n'attaquons pas la loi qui lui a donné le pouvoir pour sept ans ; mais lui-même ne sent-il pas ce qui manque à ce pouvoir ? Il ne peut compter ni sur un ministère, ni sur une majorité, ni sur une administration homogène. Le brave et digne maréchal ne sait-il pas que les préfets et sous-préfets du troisième Empire sont pour ainsi dire déjà nommés ?... Or, tous ces employés sont des hommes politiques qui n'ont pas besoin de sept années pour triompher d'un gouvernement sans assises profondes et sans partisans dévoués.

Qu'on ne s'attende pas à rencontrer ici une violence ou une injure ; mais aussi qu'on se garde
bien de me confondre avec ces écrivains ineptes
qui s'efforcent de tout concilier et qui traitent avec
une égale indulgence le bien et le mal. Je dois la
vérité à mon pays ; je lui dirai la vérité.

Le grand coupable, c'est l'Empire, ce gouvernement essentiellement révolutionnaire ; le grand
coupable, c'est l'Empereur, qui fut constamment
dévoré d'une ambition aveugle et sans conscience ;
c'est l'homme dans lequel il est impossible de saisir
un sentiment noble, une préoccupation honnête.
La bassesse, la violence, la fourberie et l'hypocri-
sie l'ont tour à tour inspiré dans son œuvre des-
tructive. Il a gaspillé nos richesses, compromis
notre avenir et menti au glorieux passé de la
France ; il a étouffé toute inspiration honorable,
entravé tout élan généreux ; il a patronné le désordre
moral et encouragé l'impiété ; en un mot, il a com-
mis le crime le plus odieux, celui de lèse-nation, en
voulant concentrer en lui seul la France. Que lui
importait le pays, pourvu que l'Empire fût l'Empire ?
Mais on ne se substitue pas impunément à une nation
valeureuse, et il est imprudent de jouer avec les
passions populaires. La tolérance et l'intolérance
d'un gouvernement appuyé sur le crime devait
donner naissance à l'Émeute, et l'Émeute est partout. Voilà la vérité.

« La loi de Dieu et la loi des hommes ont été
» violées, » a dit un jour M. Maguire au Parlement
anglais, « et ce qui a commencé dans la ruse et la
» perfidie pour s'achever dans la violence, finira

» dans la honte. » Je livre ces paroles à la méditation de MM. les bonapartistes.

Et, pour qu'on saisisse bien toute ma pensée, je déclare penser de l'Empire ce qu'en pense tout homme d'honneur aux sentiments élevés, à la conscience droite, ayant des notions parfaites sur la justice, sur l'honneur, sur la parole donnée, sur le serment, sur l'âme humaine, sur le caractère national, et sur le prix du sang des peuples.

CHAPITRE II

L'ÉMEUTE PARTOUT

Un écrivain de quelque mérite a dit : « Je suis trop de mon temps pour n'avoir pas fraternisé avec l'Émeute et pactisé avec la Révolution. J'en ai vu quelques unes ; j'ai le regret de m'être mêlé à la première, plus tard j'y ai pris part en spectateur, plus tard encore en adversaire. » Ces lignes fort spirituelles s'appliquent à un grand nombre de Français, honnêtes libéraux qui préfèrent réchauffer le serpent, le flatter et le nourrir plutôt que de le tuer.

La majorité des hommes d'action sympathise avec l'émeute et pactise avec la révolution, précisément parce qu'on veut être par trop de son temps. Beaucoup me font l'effet de ces femmes qui s'élèvent contre telle mode, parce qu'elle est ruineuse et ridicule, et qui la suivent passionnément, et les premières. — Soyons de notre temps, très-bien ; mais avant tout soyons Français, et nous déploierons un bras vigoureux pour combattre l'Émeute et la Révolution. Quelle main bénie frappera le monstre à la tête d'airain, à la cuirasse de fer, qui nous enlace dans ses replis insaisissables et mortels ? Quand nous sera-t-il donné de voir la nation française fouler aux pieds son cadavre hideux, et poursuivre, sans crainte ni terreur, sa mission civilisatrice par le monde ?

Politiques libéraux, catholiques libéraux, libéraux toujours, libéraux partout, libéraux quant même, libéraux par routine, libéraux par obéissance, *libéraux par prudence,* libéraux par nécessité, libéraux à outrance, libéraux aveugles, nos conservateurs politiques, au lieu de rendre à César ce qui est à César et à Dieu ce qui est à Dieu, à la loi ce qui est à la loi et à la liberté ce qui est à la liberté, font des concessions toujours nouvelles et toujours plus compromettantes. Ils avouent hautement que dans la théorie des droits de l'homme il y a du bon ; que ses principes en politique comme en religion sont nécessaires aux usages modernes, aux aspirations du siècle, et qu'on doit rendre aux masses, non pas seulement ce qui est aux masses, mais encore à peu près tout ce qu'il leur prend fantaisie de réclamer. Ce sont les masses inconscientes qui nous donneront un gouvernement.

Je connais d'honnêtes libéraux conservateurs, et pour cause, qui ont gémi sur les conséquences de ces doctrines, au moment où la France râlait sous la botte d'un aventurier corse, et à cette heure à jamais néfaste où Paris était aux mains des forcenés de la Commune. Eh bien ! Ceux-là mêmes électrisent de nouveau le peuple par leurs opinions vertigineuses et leurs déclamations mensongères et par leurs principes purement théoriques. Ils étaient alors royalistes par nécessité, et maintenant ils patronnent Ledru-Rollin ou Gambetta, Casimir Périer, Thiers ou Rouher.

Ces hommes auront-ils fraternisé avec l'Émeute et la Révolution ? Point du tout ! Ils le nient et le nieront jusqu'au jour où, comme tant d'autres, ils seront forcés de marcher sur l'hôtel de ville, avec leur queue. Le lendemain on trouvera dans cette queue l'étoffe de misérables sicaires dont ils feront certainement l'étrenne. *Per quæ peccat quis per hæc et torquetur.* En bon français : on est puni par où on a péché.

Auront-ils pour cela pactisé avec l'Émeute et la Révolution ? Mais non ! certainement non ! Pur esprit d'abnégation, patriotisme, dévouement... voilà les sentiments généreux qui les auront portés au pouvoir et au sacrifice. Ils se poseront en victimes s'ils échouent, ou s'ils ont disparu dans la fange sous les piétinements féroces des frères et amis ou sous la tyrannie d'un nouveau Bonaparte, qui fera le nivellement des nouvelles couches avec le sabre, l'échafaud et l'exil; les doctrinaires de leur école demanderont à la presse, à cette bouche aux cent voix, de proclamer leur doux commerce dans l'amitié, leur humilité, leur désintéressement, leur

courage, la droiture de leurs intentions, leur loyauté
et leurs vertus civiques.

Il est allé là, répétera-t-on sur toute la ligne, pour
dominer la foule, pour sauver la patrie en danger.
Quel beau, quel sublime désintéressement ! On n'en
croira pas un traître mot, à la vérité, et personne
n'aura le courage de dire : Il l'a mérité ! ses opinions
étaient trop avancées, ses doctrines politiques et
religieuses trop incendiaires ; il était trop exalté :
le malheureux dans sa folie encensait un dieu que
les parfums enivrent, il serrait une main dont
l'étreinte est toujours mortelle.

Il en est beaucoup qui, sans pactiser avec l'É-
meute et la Révolution, restent simples spectateurs.
Ceux-là sont-ils moins coupables ? Oui, évidem-
ment. Sont-ils innocents ? Non, mille fois non, car
s'ils doivent à toute heure leur concours à l'ordre
et à l'autorité, ils le doivent avant tout à l'heure
de l'Émeute. Lecteurs, l'Émeute et la Révolution
sont partout, à l'heure où j'écris ces lignes ; elles
font d'épouvantables ravages dans les esprits et
dans les cœurs, surtout chez la jeunesse inexpéri-
mentée et si facile à perdre par l'exemple. Eh quoi !
si vous étiez Français, vous qui possédez, vous ne
vous reposeriez pas nonchalamment au sein de vos
richesses, vous contentant de déplorer amèrement
l'aspect et le fond des choses ; si vous étiez Français, vous vous lèveriez comme un seul homme,
vous sortiriez de cette apathie et de cette vie molle
et nulle pour la patrie ; si vous étiez Français, vous
diriez à l'autorité : « Je suis à tes ordres ; mes opi-
» nions sont celles de la justice pure et simple, sans

» discussion. Voilà mon or, voilà ma volonté, voilà
» mon bras, voilà mon sang ! »

Et vous, ouvriers intelligents qui êtes le premier
capital de la patrie, si vous étiez Français, vous
apporteriez tous vos soins à l'élever dans la voie
du progrès au-dessus de toutes les nations, et vous
vous refuseriez à la jeter dans le désarroi et dans
les dettes pour obéir à des imposteurs qui vous
poussent en avant sans jamais vous suivre au feu.

Si vous étiez Français, vous, commerçants à tous
les degrés, vous renonceriez à cette manie de poli-
tiquer. Elle vous réussit si mal que vous devriez,
sinon par patriotisme, du moins par raison, vous
prononcer une bonne fois pour la justice pure et
simple.

Et vous, laboureurs qui, pour goûter quelque re-
pos, avez si grand besoin de la paix qui conserve
vos fils à votre affection et les laisse à la tête de vos
travaux, comprenez enfin où se trouve le salut.
Vous le savez bien, le salut ne saurait être que
dans « un gouvernement national ayant *le droit*
» *pour base, l'honnêteté pour moyen, la grandeur pour*
» *but.* »

Donc, à l'exemple de notre vaillante armée, qui
n'a d'autre règle que la loi et qui, lorsque ses chefs
ont parlé, attaque un ennemi dix fois plus nom-
breux, serrons nos rangs, et, sous l'étendard sacré
des vrais principes, attaquons tous ensemble l'ennemi commun, qui est l'esprit libéral et l'anarchie.

Tous, qui que vous soyez, si vous sentez en vous
les battements généreux d'un cœur vraiment français, vous combattrez dès maintenant l'Émeute et

la Révolution ; vous la combattrez partout où elle se produira, sous n'importe quelle forme, sous n'importe quel nom, sous n'importe quel prétexte. Et vous, gens d'ordre ou qui prétendez l'être, sachez-le bien, l'Émeute est partout, à la campagne et à la ville, dans la famille et dans la société, dans les lois, dans les mœurs, dans la religion, dans la politique, en haut, en bas, au milieu... Elle est dans la presse, dans la rue, dans les idées et jusque dans la langue. Voilà, avec des dettes, des ruines et des humiliations, ce que nous a légué l'Empire. Combattons l'Émeute et la Révolution, si nous voulons sauver la France.

CHAPITRE III

GOUVERNEMENT RÉVOLUTIONNAIRE

N'insultons pas les morts. Mais comme l'histoire
est une dette du présent envers l'avenir, consta-
tons que le flot d'immoralité qui nous envahit a
été alimenté par les puissants réservoirs des Tuileries sous le dernier gouvernement. En débor-
dant jusque sur nos provinces les plus lointaines, il
a porté partout la corruption et la mort. L'homme
fatal qui s'est assis pendant dix-huit années maudites sur le trône de France ne pouvait y apporter
que les souvenirs et les principes d'un aventurier.
Sa vie, son avènement, son règne, sa fin, tout est
entaché de bassesse, n'en déplaise à M. Emile
Ollivier, cet ami quasi-posthume du Bonaparte de
Sedan. La vérité est immuable, elle demeure, et

toutes les subtilités du langage ne sauraient l'anéantir. Londres, Boulogne, Paris, Toulon (il a évité Clichy), sont autant d'accusations et de témoins à charge.

On a dit : « Les Tuileries sont responsables de ce qui se passe dans les familles, » et j'oserai répondre qu'elles sont responsables de tout ce qui tient à la nation dont elles sont la tête et le cœur.

L'autorité vraie, légitime, qui repose sur le droit et qui s'appuie uniquement sur la loi, ne donne pas gain de cause aux émeutiers. Elle sait au besoin imposer silence aux boulevardiers, cette nouvelle espèce de dogues à barbe. On m'objectera Louis XVI, et je répondrai que sa bonne foi fut trompée, qu'il fut victime uniquement de son incomparable bonté, et que si, sous une pression criminelle, il sanctionna certains décrets, il les désavoua plus tard. Je ne soutiendrai pas que Louis XVI ne fut pas d'une faiblesse regrettable ; mais je crois que ce serait une faute historique que de ne pas tenir compte de l'effet de l'école du XVIII⁰ siècle, et un crime d'établir un parallèle entre le roi martyr et Louis Bonaparte. De plus, en 1789, chacun était d'avis qu'il fallait des réformes dans l'ordre politique ; mais, au lieu de réformes prudentes, on eut les sanglants triomphes de la Révolution et on recueillit les fruits des germes maudits semés par la philosophie et l'hérésie des siècles précédents.

L'Empire, cela était de la dernière évidence pour tout observateur intelligent et impartial, ne pouvait vivre longtemps. Il était trop peu l'ami de l'ordre vrai et de la vraie justice. Cependant s'il eût eu conscience du rôle qu'il s'était attribué, s'il se fût considéré comme le protecteur des lois et de la morale en France, peut-être eût il pu conjurer ces maux qui nous minent! peut-être même les eût-ils détournés, s'il eût rompu avec ces principes démocratiques qui ont déchaîné toutes les ambitions, s'il eût frappé les insulteurs de l'Église, les insulteurs de la morale et les contempteurs de l'autorité, s'il eût été honnête dans ses moyens et dans sa fin, et si, sans redouter les bombes Orsini, il eût brisé une bonne fois avec les sociétés secrètes qui lui ont arraché une à une toutes les concessions, si, en un mot, il eût été l'Empereur des Français et non le coupable champion et le vil esclave du révolutionarisme. Mais non, il ne pouvait rien de bon, rien d'honnête; son principe l'a tué, et si jamais un coup d'État ou un plébiscite porte celui qu'on appelle dans les cercles bonapartistes Napoléon IV au pouvoir, son principe le tuera : tel père, tel fils.

Non, Louis Bonaparte ne pouvait rien de vraiment utile et grand ; il était l'homme sans ressort, l'homme fatal et pour ainsi dire inconscient. Dans sa déclaration de guerre à la Prusse, dans son organisation militaire, dans sa conduite et dans sa fin, il y a des arguments que l'histoire a mis fidèlement en réserve. Ces arguments, ou plutôt ces faits, sont là palpitants de la plus désolante actualité, enregistrés sur le grand livre des nations, témoignant constamment de la bassesse et de la lâcheté de celui qui, pendant vingt ans, fut le corrupteur de la plus loyale et de la plus morale des nations ; ne dirait-on pas qu'il n'a eu d'autre but que de transformer les Francs et d'avilir leur caractère ?

On peut dire, pour répondre aux exigences de l'histoire, que le gouvernement impérial n'était pas honnête, et le prouver, même au général Bertrand, même à M. Ollivier, qui, avec toute son habilité oratoire, ne réussira jamais à excuser l'Empire ni ses fautes personnelles.

L'Empire n'était pas honnête lorsqu'il répandait et entretenait la corruption, et lorsqu'il tolérait un libéralisme qui était la négation même de la loi, libéralisme qu'il croyait maintenir dans les limites du *désordre moral*. — L'Empire n'était pas honnête lorsqu'il berçait la démagogie des plus folles espérances. Il ne l'était pas lorsqu'il confiait l'éducation de la jeunesse française à des libres-penseurs et à des athées. Annihiler la pensée et l'enfouir dans la matière, tel était son but, telle a été son œuvre. L'Empire n'était pas honnête lorsqu'il disait : l'Empire c'est la paix !

Nous récoltons aujourd'hui les fruits de ces semences maudites. Nos campagnes comme nos villes sont perdues de corruption. Les bals nocturnes, tolérés sous l'Empire, ont toujours droit de cité, et jusqu'alors, dans nos campagnes, ils n'ont eu ni charges, ni patentes, ni entraves. Qu'importe à l'Etat que le jeune homme se ruine... il sera dès lors l'ennemi de *l'ordre moral ;* que la jeune fille se perde... il en faut pour le recrutement des bouges infects de la capitale et des grandes villes. Qu'importe que les santés s'étiolent, et que les travaux languissent... pourvu que le *désordre moral* existe ! Le bal sera donc toléré ! Je suis surpris qu'il ne reçoive pas d'encouragements, et je m'attends chaque jour à voir quelques conseils municipaux allouer une subvention à ces utiles établissements.

Sous l'Empire, et on imite volontiers l'Empire, les autorités de telle ou telle bourgade accordaient quand bon leur semblait une heure, deux heures, et même la nuit entière à la débauche. Je pourrais citer maints endroits, dans Seine-et-Oise et dans Eure-et-Loir, où les habitants sont soumis pendant trois jours et trois nuits à entendre le vacarme le plus insupportable et à voir les parodies les plus révoltantes. Alors que toute noble idée disparaissait sous l'impérial veto et qu'on faisait pépinière d'ignorants, le *désordre moral* avait, sous prétexte de liberté, ses coudées franches. Pauvres Français, pauvres paysans, oui, vous aviez la liberté du *désordre moral*, où la pression du maire et la surveillance du gendarme n'ont rien à voir. Liberté fatale, que tu as coûté cher à mon pays !

Et cette liberté du désordre était patronnée à ce point, qu'à propos des discussions religieuses, tous les journaux *pour* ont été frappés sous l'Empire, tandis que tous les journaux *contre* ont été constamment autorisés. « Politiques à bien courtes vues, a dit monseigneur Dupanloup, sont ceux qui ne savent pas que la politique dans ses fondements et dans ses sommets confine à la morale. »

Aujourd'hui, quoi qu'il en soit, tant l'erreur et l'aveuglement ont de puissance et le mal de contagion, la campagne, dont le patriotisme baisse chaque jour davantage, sans se souvenir de l'indigne conduite de l'homme qui, pendant vingt ans, a ruiné la morale et blessé la loyauté en France, pour nous livrer un jour à Sedan pieds et poings liés, est prête à acclamer de nouveau son nom dans son fils ; elle est prête à tomber aux genoux d'un tyran, dans l'espérance qu'elle pourra continuer ses errements et ses bassesses. Le *désordre moral* lui sourit, et la loi de Dieu n'est point assez accommodante. Elle ne voit pas, dans son malheur, que les Napoléon paraissent pour l'abaissement et la destruction de la France, et pour le carnage des jeunes générations. Elle ne voit pas que Napoléon III a tout simplement profité du mouvement imprimé au commerce, à l'industrie et au progrès, résultat nécessaire des inventions modernes. Elle ne comprend pas que les nations sont, par la force des choses, soumises à une ascension progressive... La vérité, la voici :

L'Empereur a invité la nation à un splendide festin... mais il a fait crouler la salle. Et si tous n'ont pas péri sous les décombres, presque tous ont reçu des meurtrissures plus ou moins graves. N'importe ! c'est l'Empire qu'on désire, parce que l'Empire a *semblé* diviniser le peuple et reconnu qu'il lui devait tout, et que par lui il pouvait être tout. Il est malheureusement probable que nous essaierons sous peu de ce régime. M. Rouher se fait vieux et sept années doivent lui paraître un peu longues. En

tout cas, personne ne doute que l'aléatoire ne doit
que très-difficilement sympathiser avec le caractère de l'ex-ministre.

Le peuple français, le dirai-je, est tout disposé à
planter de nouveau les jalons de la Révolution et à
en poser les clauses inéluctables. Qu'il rappelle
l'Empire, qu'il se prostitue de nouveau, qu'il baise
les genoux d'un maître vil, et l'Empire, appuyé sur
la Révolution, sera la Révolution et disparaîtra
dans un nouveau cataclysme, entraînant la mal-
heureuse et folle nation, qui est trop affaiblie, du
reste, pour supporter l'air pur et vif de la vraie
liberté, et qui va dépérissant sous l'atmosphère du
libéralisme démocratique et sous les criminelles
tentatives d'un parti qui ne devrait pas compter un
homme d'honneur.

Oui, l'Empire, ce gouvernement césaro-démocra-
tique, cet engourdissement politique et moral per-
sonnifié : voilà ce qu'on désire, c'est-à-dire, l'incon-
séquence palpable, le palliatif de tous les abus,
l'école révolutionnaire, l'impiété polie, le proxéné-
tisme pas trop malhonnête... Qu'importe son origine ? Elle est entachée, c'est vrai ! Il y a des crimes, il y a du sang, c'est vrai ! On l'a proclamé dé-
chu à Bordeaux, c'est encore vrai ! Mais on ne juge
ni son origine, ni son droit, ni son passé, ni son
honneur. On pense qu'en tolérant comme dans le
passé le désordre moral, il pourrait permettre la
réalisation de fortunes plus ou moins interlopes.
Or, il faut amasser à tout prix et arriver à la for-
tune. Choisissons donc l'Empire, il favorisera tous
les moyens... Votons pour l'Empire.

Et Paris, le patriotique Paris, qui, timidement, il est vrai, demande l'appel au peuple, n'avoue-t-il pas à demi ce qu'il désire? Depuis douze ans, j'ai l'occasion de voir des citoyens de Paris un peu de tous les bords, c'est à dire de toutes les classes. Or, tous, à part MM. les fonctionnaires du gouvernement bien entendu, décriaient l'Empire et faisaient constamment des vœux pour son renversement. Il n'y avait guère de coups qui ne portassent, puisqu'il prêtait le flanc à toute attaque. On s'indignait, on s'irritait, on menaçait et on se promettait hautement un bon morceau de République. L'Empire est tombé, et voilà que le morceau convoité depuis si longtemps dont les affamés devaient se régaler est tellement coriace qu'on risque de périr à côté. Que fait-on alors? On ne veut pas avouer qu'on est disposé à retourner à ses vomissements ; mais on proclame énergiquement et bien haut qu'on est toujours partisan d'un régime républicain, mais que le gouvernement de Versailles n'est pas la République, que la Chambre n'a aucun droit, aucune mission pour trancher la grande difficulté et donner une solution, et qu'il ne reste qu'une seule ressource... celle de l'appel au peuple ! M. Naquet est, du reste, de cet avis. En voilà un *pur* qui me paraît fort suspect, ou qui connaît bien peu son pays ! Du reste, au lendemain du 18 mars, qui n'a remarqué la nuance violette de certains journaux qui se disent républicains et qui, achetés par l'Empire, sont devenus tout à coup adroits impérialistes ? Et ces hommes n'ont pas honte ! Que leur importe? cela est tout naturel. Ils se donnent au plus offrant, ils gagnent gros et ils espèrent beaucoup, puisque leur protégé a des chances plus grandes. Votez, M. Naquet, et vous aurez l'Empire, je vous l'affirme. Votez, Parisiens, et vous aurez le césarisme, soyez en sûrs. Le général Bertrand sera maréchal.

Ceci démontre mieux que tous les raisonnements combien le principe de l'appel au peuple est faux et par là même dangereux. Eh quoi! à ce peuple affolé qui n'a plus ni tête ni nerfs, qui n'entend plus, qui ne voit plus, qui ne sent plus, qui doute de sa propre existence, vous allez confier le sort définitif de la France? Cet instinct qui le porte à l'Empire ne vous dit donc pas qu'il a perdu tout sentiment de respect, d'honneur, de délicatesse et de patriotisme? Vous ne comprenez donc pas que c'est un enfant auquel il faut, bon gré mal gré, imposer un tuteur généreux et loyal ?

Quand vous aurez épuisé toutes les demi-mesures, qui, il est vrai, ne sont jamais à la dernière édition, en viendrez vous à l'Empire? C'est là que vous attend la pauvre mutilée, cette grande blessée qui voudrait encore vivre. Elle vous attend! Aurez-vous l'insigne lâcheté et la suprême folie de lui donner le coup mortel? Hommes politiques qui avez charge d'âmes, réfléchissez ! Examinez la situation ! Jugez sans passion ! Voyez la source impure d'où sont sortis tous les maux qui nous affligent ! Voyez le passé avec toutes ses hontes et ses déboires ! Voyez le présent avec son impuissance et sa faiblesse ! Jugez froidement, sans passion ! Et vous reconnaîtrez que, pour sortir de cette impasse ténébreuse où nous ont enfermés tour à tour l'omnipotence impériale, la démagogie déchaînée et mille subtilités vaines, il faut autre chose qu'un bras énervé, qu'une autorité illégitime, qu'un levier révolutionnaire. Ce dernier peut être puissant, il peut dégager le passage ; mais bientôt ses propres mains relèveront la barrière et rendront toute issue impossible. Il faudra de nouveau subir les exigences des masses soulevés et débordantes, comme on dut subir à Sedan celles d'un vainqueur impitoyable.

L'Empire ! c'est cette impasse fatale où la France fut enfermée il y a soixante ans, ce sont ces fourches caudines d'où elle est sortie humiliée et sans espoir d'une prompte réhabilitation. Ce serait sans nul doute son tombeau. Les rechutes pour les malades épuisés sont mortelles.

Et pourquoi donc s'entête-t-on à demander la République ou l'Empire et à rejeter la vraie, l'unique ressource qui nous reste ? Qui ou quoi donc pousse le peuple français à vendre son pays et à sacrifier son avenir ? Pourquoi ce peuple égaré joue-t-il le rôle de traître et de bourreau ? Pourquoi à cette victime, si intéressante et toujours si belle sous ses plaies et ses meurtrissures offre-t-il un calice de fiel, lorsqu'il lui serait si facile de guérir ses blessures, d'en calmer les douleurs et d'apaiser la soif qui la dévore ?

Pourquoi ? Ah ! il faut avoir le courage de le dire. Parce qu'il veut tenter tous les moyens, essayer de tous les spécifiques plutôt que de se détacher de son idole, qui est la Révolution sous une forme ou sous une autre, c'est-à-dire l'anarchie affublée du nom de liberté. Il voudrait la paix, la sécurité, le bien-être... mais sans *contrainte morale*. Et pour satisfaire ses coupables désirs, il ne reculera pas devant une infamie. Comme tant de malades, il désire une guérison et il refuse d'éloigner le principe et la cause du mal.

Une simple question

Où se trouvait, lors de la déclaration de la guerre, cher et très-onctueux M. Ollivier, le contingent exact, régulier des troupes de terre et de mer?

Autre question

Quel est le mortel *dépourvu de protections*, — honorable M. Rouher, qui une fois entré dans ce labyrinthe de la filière administrative a pu en sortir, je ne dirai pas promptement mais heureusement? Pourtant, sa Majesté l'Impératrice, dont je n'attaque nullement la haute vertu, répondait aux demandes faites en faveur d'une loterie, par exemple — au sein d'une ville importante. — En faveur d'une loterie au fond d'un hameau, pour un besoin absolument identique, pas de réponse. —

Voilà de la charité bien entendue ou je ne m'y connais pas — Etait-elle coupable? Je ne veux pas le croire.

3ᵉ question

Combien de vos heureux protégés, fils d'*amis influents*, ont obtenu le diplôme du baccalauréat par ces honnêtes procédés que vous connaissez? Incapables de subir une épreuve quelconque, ces privilégiés étaient appelés la veille ou l'avant-veille chez celui qui devait les examiner. Il leur exposait paternellement la *Thèse* (ceci se pratiquait bien entendu pour tous les grades) ou les questions sur lesquelles ils seraient interrogés, et le lendemain nos étudiants passaient brillamment leurs examens. N'importe! on se créait, en agissant ainsi, de chauds partisans.

L'Empire n'était pas honnête lorsqu'il plaçait à la tête de la grande et importante administration de l'enseignement un athée et un matérialiste, et qu'il entretenait dans les chaires de nos écoles des *libres-penseurs* et des *utopistes*. On traite autrement un peuple qu'on respecte, et dont les gloires nationales sont inséparables des vertus chrétiennes. Ah! c'est que l'Empire savait ce qu'il faisait. En agissant de la sorte, il réussissait à donner des notions erronnées sur la nature des choses, sur les événements, spécialement sur l'histoire, et sur les principes qui doivent être la règle de toute société; il faussait les intelligences et ouvrait la carrière au désordre moral. Dieu sait s'il a touché le but !... Mais en faussant les jugements et les connaissances du peuple, il a préparé et perpétré la dépravation du cœur.

Aussi l'abrutissement, cette conséquence nécessaire des doctrines matérialistes a-t-il suivi de près. Abrutissement *en haut*, en bas, au milieu ; en haut plus qu'au bas ! qui le niera ? N'est-on pas arrivé à doter la France d'une génération de matérialistes dont l'influence se fait malheureusement trop sentir de nos jours ? Et en louvoyant sans cesse à l'aide de toutes les subtibilités, sous les noms divers de *statu quo*, de *non-intervention*, d'*Internationalisme*, etc., etc., n'a-t-on pas appris au peuple que tous les moyens sont bons pour arriver à la fin ? Oh ! ces enseignements-là, le peuple les a bien compris et retenus.

Il suffit assurément de citer les noms odieusement célèbres de certains professeurs sous l'Empire, pour prouver d'une manière irréfutable que l'Empire cherchait et voulait le *désordre moral*.

M. About, ce pygmée qui a tenté d'atteindre Pie IX..... que dis-je ? Dieu lui même !

M. Renan, ce défroqué qui s'est montré le plus stupide et le plus audacieux blasphémateur du XIXme siècle.

M. Naquet, ce pauvre sire dont les doctrines ont intéressé au plus haut point les clubistes du Pré-au-Clercs.

Et M. Duruy, le roi de tous ces esclaves, qui nous a fait l'honneur de nous donner pour ancêtres la famille simienne.

Eh bien ! alors que ces messieurs affichaient et proclamaient leurs doctrines — *athéisme, matérialisme, positivisme, communisme,* — c'est-à-dire la négation de Dieu, la négation de toute loi et de toute morale, les évêques français ne pouvaient ni se réunir, ni parler, ni écrire, La promulgation du document le plus important et le plus salutaire leur était interdite. Pourquoi ? Parce que ce document frappait le *désordre moral.*

Que dis-je ? non-seulement il était permis à MM. les professeurs d'attaquer les plus saines doctrines et la plus sainte des morales, non-seulement ils pouvaient s'élever contre les enseignements séculaires et sacrés, mais encore tous les journaux et revues impies avaient libre cours. Qu'on lise ce passage de monseigneur Dupanloup s'élevant énergiquement contre la défense de publier et d'expliquer l'encyclique, et l'on sera édifié suffisamment sur l'indigne et révoltante conduite de ce gouvernement hypocrite.

« Jusqu'ici mon étonnement n'a pas de bornes ; on a
« donné aux journalistes un droit qu'on ne leur laisse
« guère, d'habitude, celui de publier en toute liberté,
« avec toutes sortes d'amplifications et d'aggravations,
« un acte que M. le ministre des cultes déclare atten-
« tatoire à la constitution de l'Empire ! Nous voyons sans
« cesse des journaux, surtout des journaux religieux,

« avertis, suspendus, supprimés, ou bien arrêtés à la
« frontière, pour moins que cela assurément. Et lorsque
« les évêques voudraient élever la voix, lorsque, sans
« contester aux journalistes la faculté dont ils ont joui,
« ils voudraient parler enfin à leur tour, dissiper les
« malentendus, montrer du doigt les contre-sens, détour-
« ner l'immense torrent de mensonges, d'erreurs et de
« haines qui monte contre l'Église, seuls ils devront
« se taire ! ils ne pourront pas donner d'explications,
« pas rédiger de consultations, pas faire ce que fait tout
« jurisconsulte, tout avocat, sur un texte de loi ou sur
« un procès en litige ; eux qui sont les gardiens et les
« interprètes jurés de la doctrine, ils devront courber
« la tête, tout entendre, tout endurer, tout dévorer en
« silence ! »

Voilà la justice d'un gouvernement révolutionnaire ! Et peut-elle se manifester autrement
que par l'oppression du bien et de la vérité et par
l'encouragement du mal et de l'erreur ? Grand
Dieu ! Nous sommes bien coupables ; mais préser-
vez-nous de ces gouvernements d'aventure qui,
malgré tous les obstacles et toutes les colères de
la conscience, poursuivent un but criminel sans
jamais se lasser, jusqu'à ce qu'il l'aient atteint, au
prix même de la morale et de la justice.

Non, l'Empire n'était pas honnête, et il mentait
impudemment à la nation, en disant : L'empire
c'est la paix! L'Empire n'a-t-il pas été la révolte et
la guerre intestine dans la famille, le désordre dans
les mœurs, la haine sournoise de la religion? Et, sans prendre cette devise au figuré ou

sans lui donner un sens multiple, il me semble que nous avons eu la guerre un peu plus souvent qu'il ne convient à une nation forte et sage, et que cette devise était un mensonge pur et simple de la plus claire évidence.

Sauf en 55, l'Empire ne pouvait-il s'abstenir de toute aventure? Devait-il, politiquement parlant, unifier l'Italie qui nous insulte et nous défie aujourd'hui? Que penser de l'échec inqualifiable du Mexique et de ses conséquences ?

Ah! si l'Empire eût été loyal et honnête ; s'il eût tenu compte des traditions et des liaisons qui honorent la France ; s'il eût été énergique et adroit, il eût empêché Sadowa et, par là même, prévenu l'écrasement de la France à Sedan. Mais l'Empereur ne pouvait pas être honnête. *Per quæ peccat quis per hæc et torquetur.* Le malheureux l'a cruellement éprouvé! Et les siens, s'il en est qui ont réellemont pu l'aimer, devraient, avec la plus extrême vigilance, chercher à ensevèlir à tout jamais un nom dont le réveil révèle tant de hontes, tant de folies, tant de mensonges et tant de désastres.

L'Empire, c'est le progrès!

Mensonge! mille fois mensonge! Et quoi! vous qui avez détruit, vous nous dites que vous avez édifié?,.. Vous qui avez ruiné, vous prétendez avoir enrichi? Vous qui avez trompé, vous nous dites que vous êtes la vérité? Vous êtes ténèbres et vous voulez être lumière? . . . .

. . . .

Qu'appelez-vous donc progrès? Serait-ce l'athéisme par hasard? Oh! alors, vous êtes logiques, car il est bien vrai, trop vrai, que vous l'avez imposé à l'administration et au pays. Le progrès?... serait-ce la destruction de tout ce qui était, le renversement par la base des croyances de nos pères?... la négation de la seule et unique autorité, celle de Celui dont relèvent les trônes et les empires? — Ah! vous avez l'incontestable droit de réclamer comme vôtre ce progrès sacrilége. Le progrès?... serait-ce donc le matérialisme? Ici encore, vous êtes, nous vous l'accordons, le progrès, car vous avez avili un grand peuple en lui enseignant que cette vie est tout, et qu'au delà du tombeau il ne reste rien.

Non! vous n'êtes pas le progrès, même matériel, car la Prusse, cette nation lourde et barbare, vous a surpassé, — et par son administration, et par sa politique, et par les armes.

Lecteur, j'ajouterai un mot que ne revendiquera pas M. Rouher. Ce mot est l'expression suprême de la vérité.

L'Empire sera la guerre !

Le fils de Napoléon III a dû garder quelques unes des balles cueillies à Sarrebruck, et il doit tenir à honneur de les renvoyer au delà du Rhin. Il doit venger son père (la France, bien entendu, n'est que secondaire) et nous jeter de nouveau dans les hasards d'une sanglante guerre. . . . . . . , ...

. . . .

Un seul gouvernement, par sa puissance intrinsèque, par la valeur de ses antécédents et par la grandeur de ses alliances peut, sans verser le sang français, réparer nos pertes de 1870.

Français vraiment dignes de ce nom, Français qui avez au cœur quelques sentiments patriotiques, levez-vous comme un seul homme contre l'Emeute et la Révolution. Quoi ! une famille que vous reconnaissez maudite, une famille qui est prête à toutes les bassesses et qui met tout en œuvre peut ressaisir le pouvoir, une famille qui va nous faire mépriser de tout l'univers, vous la laisserez de nouveau s'imposer à notre beau pays ?...

Qu'est-ce donc qui vous pousse à cet acte inqualifiable ? Eh quoi ! vous voulez sacrifier à vos vanités, à vos haines et à vos spéculations coupables le salut et l'avenir de la France ? — Non, non, vous vous respecterez, et vous jouirez un jour des bienfaits du devoir accompli.

Comment ! depuis vingt-cinq ans, cette famille s'est souillée de tous les crimes : assassinat, coup d'Etat, guerre contre une nation alliée, trahison envers l'Eglise... Elle a protégé et déchaîné toutes les ambitions ; elle a toléré et encouragé tous les abus... et c'est cette famille que vous voudriez placer à votre tête ?... Honte à jamais à mon pays, s'il commet une pareille bassesse !...

Au lendemain du Message, je dois ajouter un mot :

Si, en votant les lois constitutionnelles, la Chambre permet à M. de Mac-Mahon de rester à la tête d'un gouvernement provisoire ou de sept années, si l'apaisement se fait entre les diverses fractions de l'Assemblée, si le calme peut renaître, quelque précaire que soit ce gouvernement de sept années, rangeons-nous autour de lui, prêtons-lui notre concours et signons un armistice entièrement loyal.

Si, au contraire, ce qui est plus probable, une majorité sérieuse ne se forme pas, ou si les conservateurs ne peuvent arriver à s'entendre, serrons nos rangs, et attaquons bravement l'Émeute et la Révolution.

Nous savons où se trouve la sauvegarde de tous les principes, la garantie de l'ordre moral et le salut de la France.

F.-H.

13 Juillet 1874.

Paris. — Imp. Dubuisson et Ce, rue Coq-Héron, 5. — 5501